图片故事的探索

新疆风情

THE LOCAL CONDITION AND CUSTOM OF XINJIANG

主编:于文胜
摄影:闫波成
新疆美术摄影出版社
新疆电子音像出版社

Sayram Lake 赛里木湖 001

001 赛里木湖 Sayram Lake

006 赛里木湖盛会、赛里木湖　*Dancing in Sayram Lakeside , Sayram Lake*

Sayram Lake 赛里木湖 007

008 喀纳斯月亮湾 *Moon Bay of The Kanas Lake*

Kanas · 喀纳斯 010

2011 禾木 *Hemu*

Hemu 禾木 013

014 喀纳斯湖 *Kanas Lake*

Kanas Lake 喀纳斯湖 015

016 喀纳斯 *Kanas*

018 喀纳斯神仙湾晨雾 *The Clouds of Fairy Bay of Kanas*

©1 禾木村落 The Village of Hemu

The Clouds of Fairy Bay of Kanas   喀纳斯神仙湾晨雾   020

The Village of Hemu　禾木村落　024

Kanas Lake 喀纳斯湖 027

028 禾木 *Hemu*

Hemu 禾木 029

030　天鹅湖　*Swan Lake*

The Sunflowers of The Bosten Lakeside　博斯腾湖边的向日葵

034 哈萨克族赶集 *Kazakh People Visit to Bazaar*

Narat Grassland 那拉提草原 035

乌拉斯台草原　*Urast Grassland*

康家石门子 *Adoration of the Rock Painting*

Barkol Grassland 巴里坤草原 042

Barkol Grassland　巴里坤草原　045

巴里坤草原　*Barkol Grassland*

Barkol Grassland 巴里坤草原 047

048　托木尔草原　*Tuo Muer Grassland*

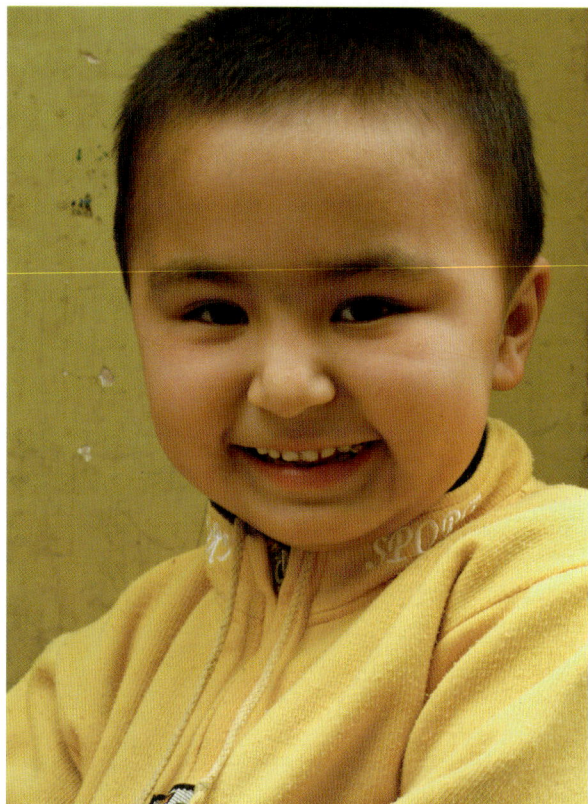

052 维吾尔族儿童 *Uygur Children*

Uygur Children 维吾尔族儿童 053

054 喀什巴扎 *Kashgar Bazaar*

056 维吾尔族姑娘 *Uygur Girls*

Uygur Children 维吾尔族儿童 057

058 维吾尔族姑娘 *Uygur Girls*

Uygur Old Men 维吾尔族老人 059

063 五彩谷 *Colorful Valley*

Colorful Valley 五彩谷 062

066 五彩谷 *Colorful Valley*

Colorful Valley 五彩谷 067

068 五彩谷 *Colorful Valley*

Colorful Valley　五彩谷　069

070 五彩谷 *Colorful Valley*

072 天山牧场   *The Pastureland of Tianshan Mountain*

Clouds of Tianshan Mountain　天山云雾 073

074 天山雪峰 *Snow Peak of Tianshan Mountain*

Snow Peak of Tianshan Mountain　天山雪峰　075

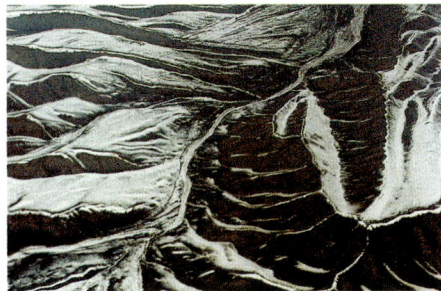

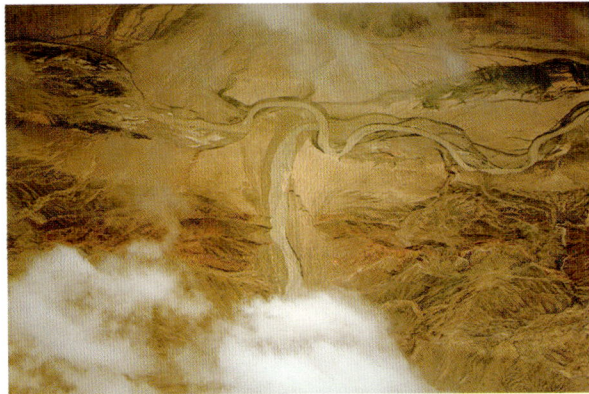

078　天山河谷　*The River Valley of Tianshan Mountain*

The River Valley of Tianshan Mountain 天山河谷

080　哈萨克族儿童　*Kazakh Children*

082 哈萨克族青年 *Kazakh Youths*

Kazakh Old People and Children　哈萨克族老人和儿童　083

087　江布拉克　Jamburak

Jamburak 江布拉克 ©86

090 江布拉克 *Jamburak*

Jamburak 江布拉克 091

092 江布拉克 *Jamburak*

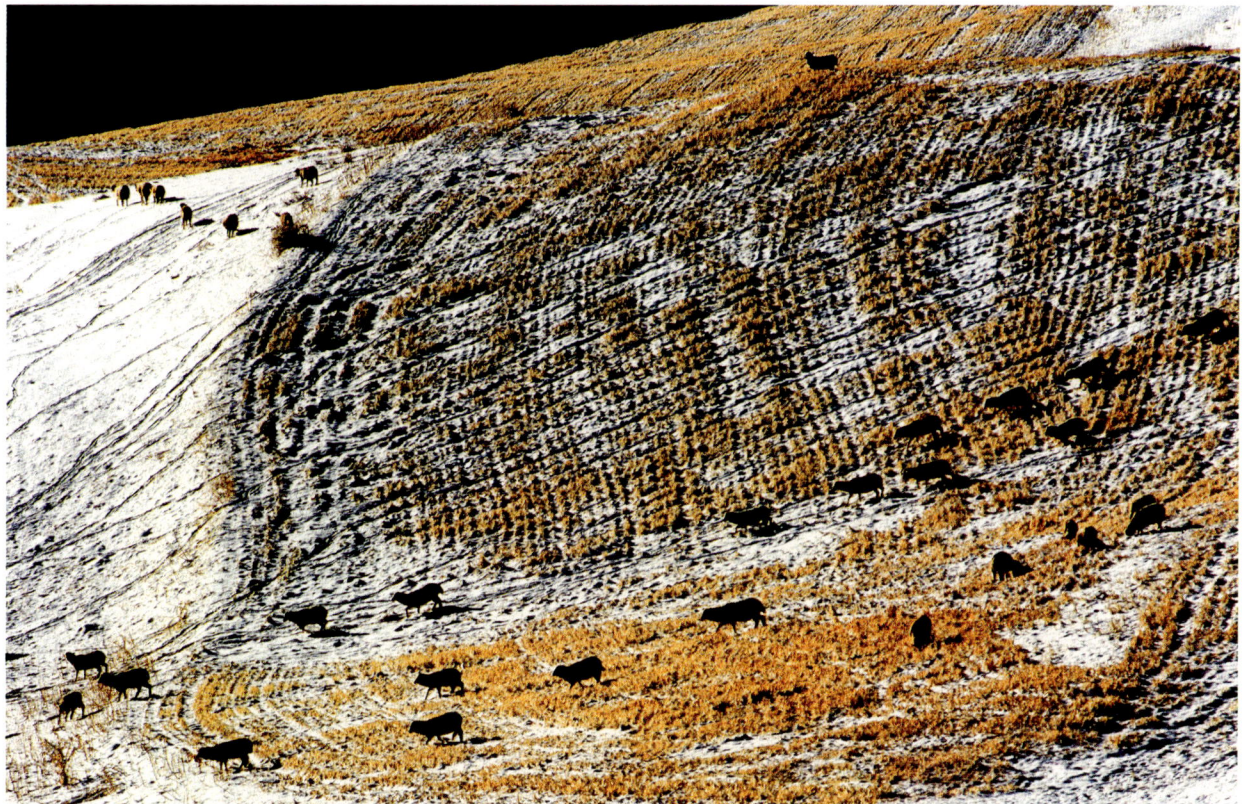

094　火焰山　*Flaming Mountains*

096　硫黄沟　*Sulfur Valley*

098 硫黄沟 *Sulfur Valley*

Sulfur Valley   硫黄沟 .099

100 硫黄沟 *Sulfur Valley*

102 硫黄沟 *Sulfur Valley*

104 巴音沟牧场 *Ba Yingou Pastureland*

Ba Yingou Pastureland 巴音沟牧场 105

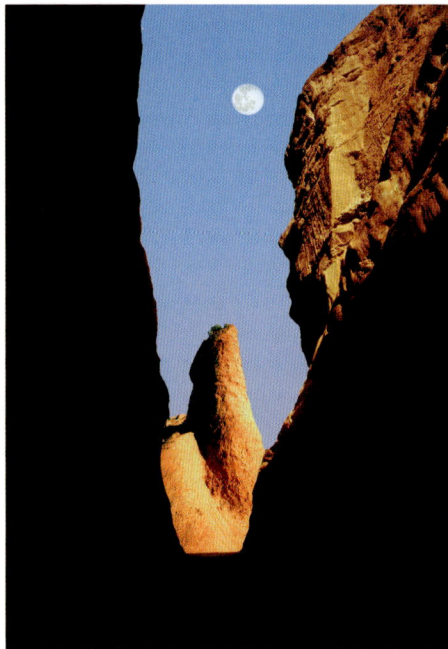

106 柯平山、红山嘴、温宿大峡谷 *Ke Ping Mountain , Peak of Hongshan Mountain* **,** *The Wen Su Canyon*

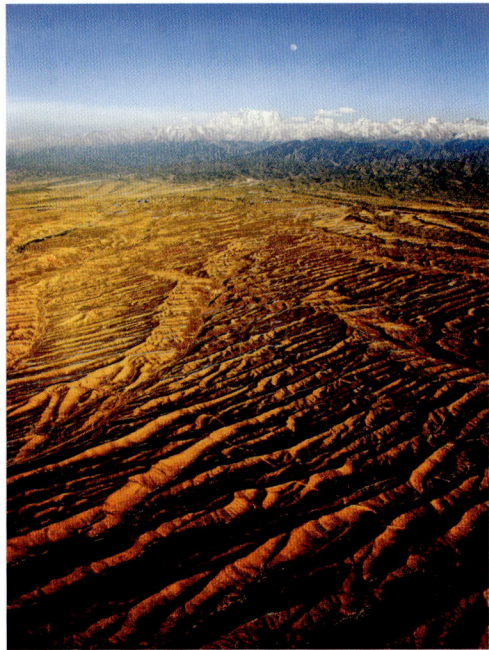

Sandy Land , Desert Oasis , Hong Gou Valley 沙田、沙漠绿洲、红沟 107

慕士塔格山　*Muztah Mountain*

塔吉克族婚礼 *Tajik Wedding*

112 高原赛马 *Horse racing*

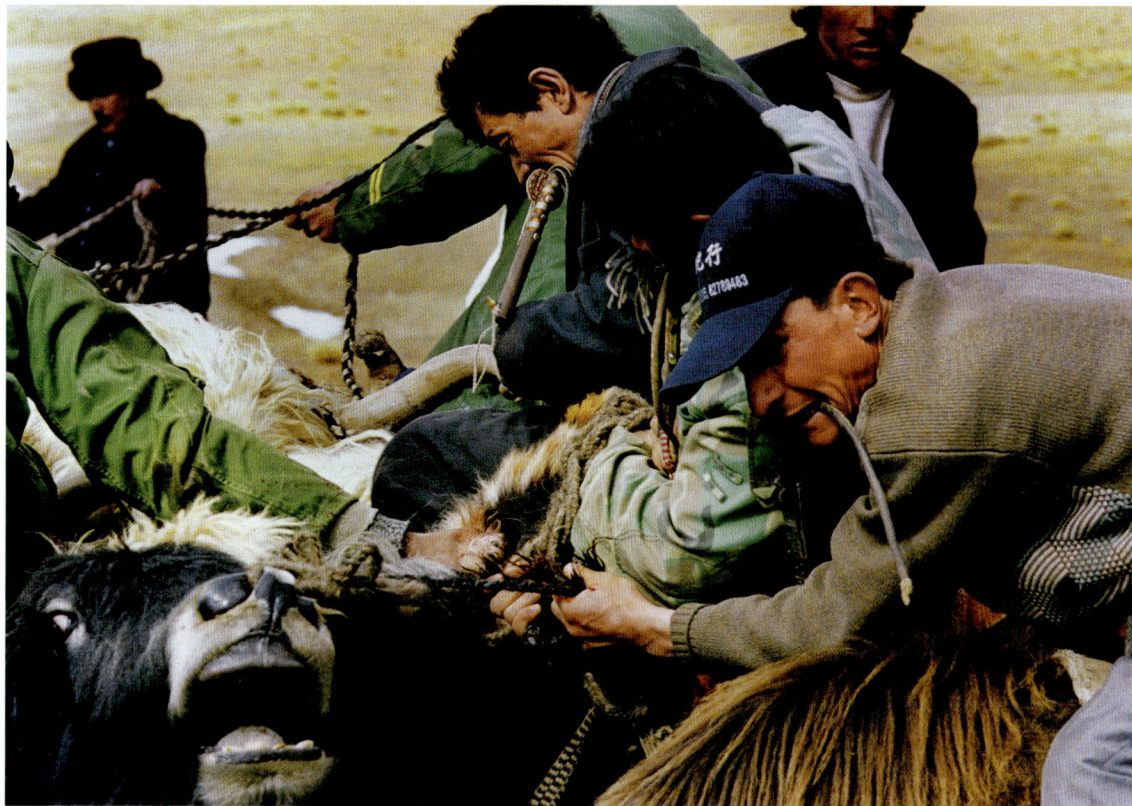

Sheep Grabbing of Tajik Nationalities 塔吉克族叼羊 113

114 慕士塔格山 *Muztah Mountain*

高原鱼塘 Plateau Fish Pond

119 塔吉克族人家　*Tajik Family*

Stone City of Taxkorgan 塔什库尔干石头城 118

122 塔吉克族老人 *Tajik Old People*

126 塔吉克族鷹舞 *Tajik Eagle Dance*

Sheep Grabbing of Tajik Nationalities 塔吉克族叼羊 127

128 塔里木河胡杨 *Poplar Tree of Tarim River*

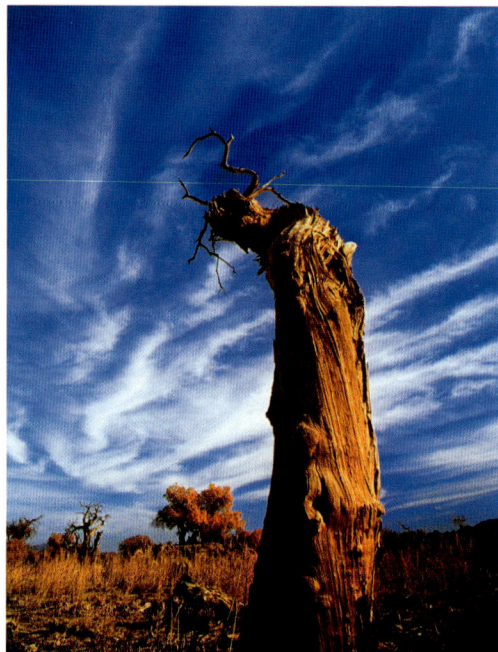

130 北塔山胡杨 *Poplar Tree of Bei Ta Mountain*

Poplar Tree of Bei Ta Mountain 北塔山胡杨 131

132 北塔山胡杨 *Poplar Tree of Bei Ta Mountain*

Poplar Tree of Bei Ta Mountain 北塔山胡杨 133

138 库姆塔格沙漠　*Kumtah Desert*

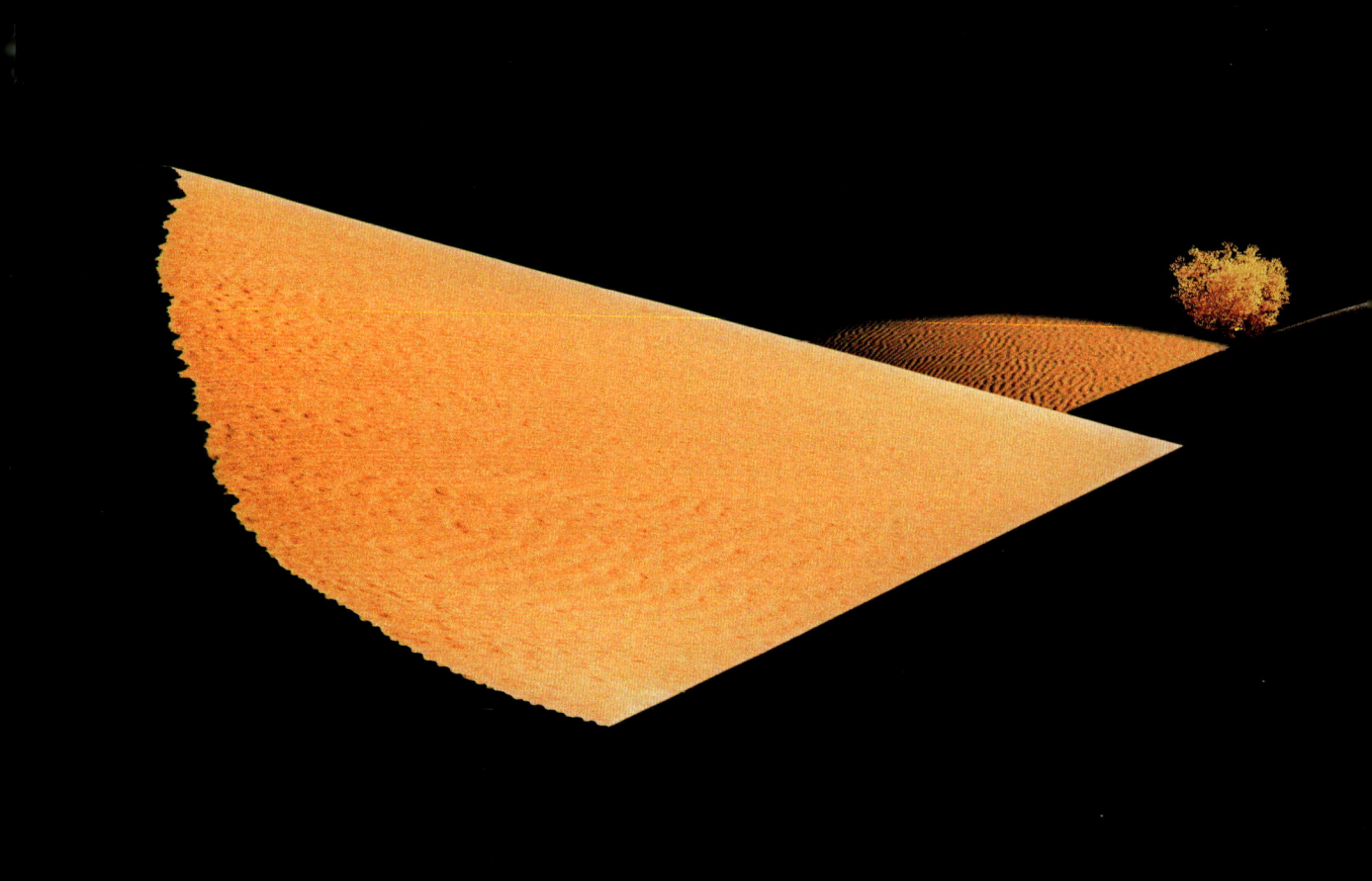

136 库姆塔格沙漠 *Kumtah Desert*

Sand Mountain 沙山 137

140　乌尔禾魔鬼城　*The Devil City of Uhel*

140 乌尔禾魔鬼城   *The Devil City of Uhel*

图书在版编目(CIP)数据

　图片故事的探索：中文、英文 / 于文胜主编. --
乌鲁木齐：新疆美术摄影出版社：新疆电子音像出
版社,2011.6

　ISBN 978-7-5469-0403-0

　Ⅰ.①图… Ⅱ.①于… Ⅲ.①新疆 – 概况 – 图集
Ⅳ.①K924.5-64

中国版本图书馆 CIP 数据核字(2011)第 114143 号

书　　名：图片故事的探索
主　　编：于文胜
摄　　影：闫波成
责任编辑：王　芬
设计制作：党　红　王　芬
翻　　译：迪　娜
出　　版：新疆美术摄影出版社
　　　　　新疆电子音像出版社
印　　刷：深圳市彩美印刷有限公司
开　　本：787mm×1 092mm　1/32
印　　张：4.5
版　　次：2010 年 6 月第 1 版
印　　次：2011 年 6 月第 1 次印刷
书　　号：ISBN 978-7-5469-0403-0
定　　价：69.00 元